English – German Proverbs and Sayings

Selected by Ally Parks

2013

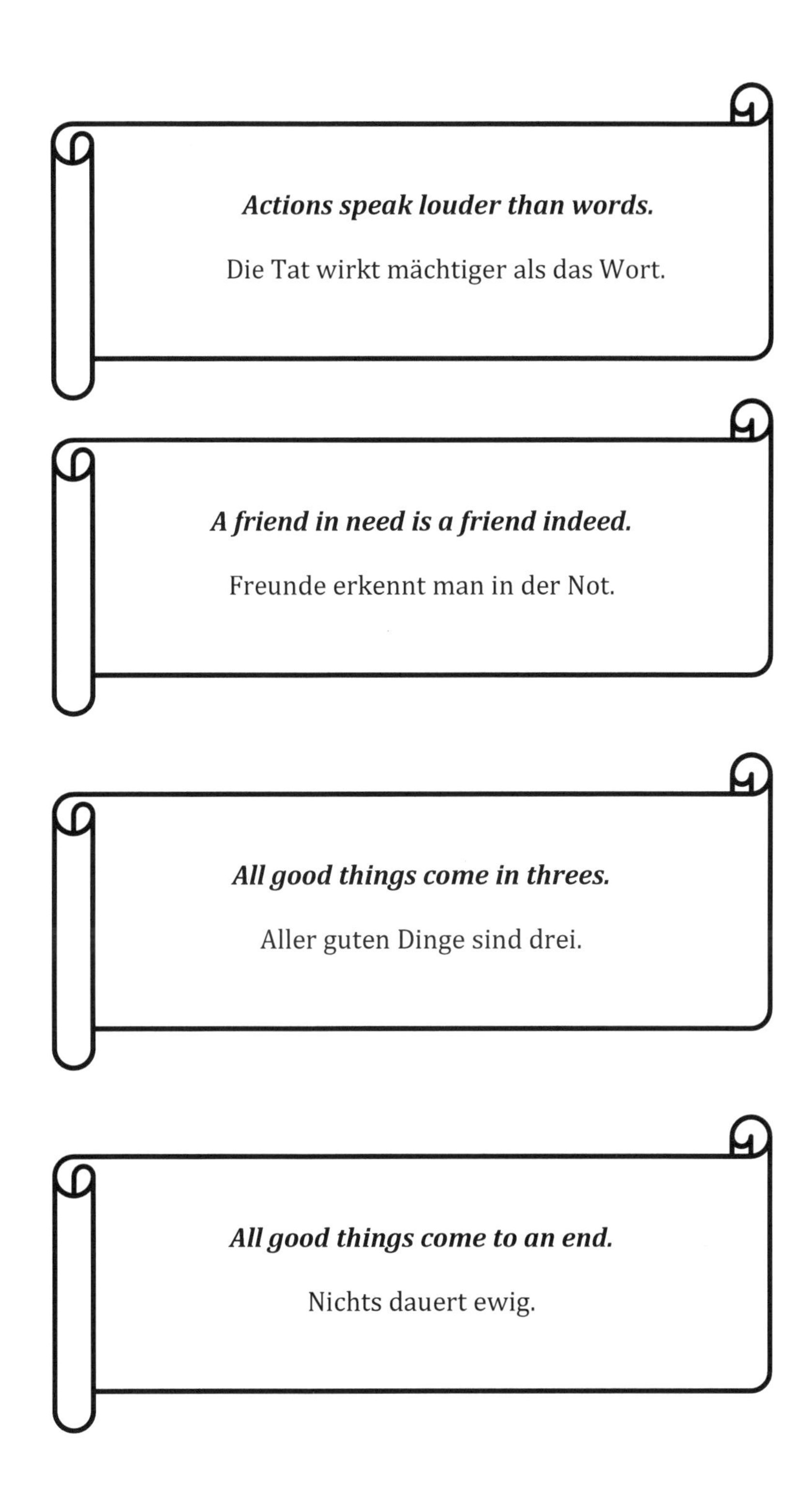

Actions speak louder than words.
Die Tat wirkt mächtiger als das Wort.
A friend in need is a friend indeed.
Freunde erkennt man in der Not.
All good things come in threes.
Aller guten Dinge sind drei.
All good things come to an end.
Nichts dauert ewig.

All's well that ends well.
Ende gute, alles gut.
All that glitters isn't gold.
Es ist nicht alles Gold, was glänzt.
All things come to him who waits.
Geduld bringt Rosen.
Mit Gelduld und Zeit kommt man weit.
Mit Harren und Hoffen hat's mancher getroffen.
A man's home is his castle.
Daheim bin ich König.
Daheim ist daheim.

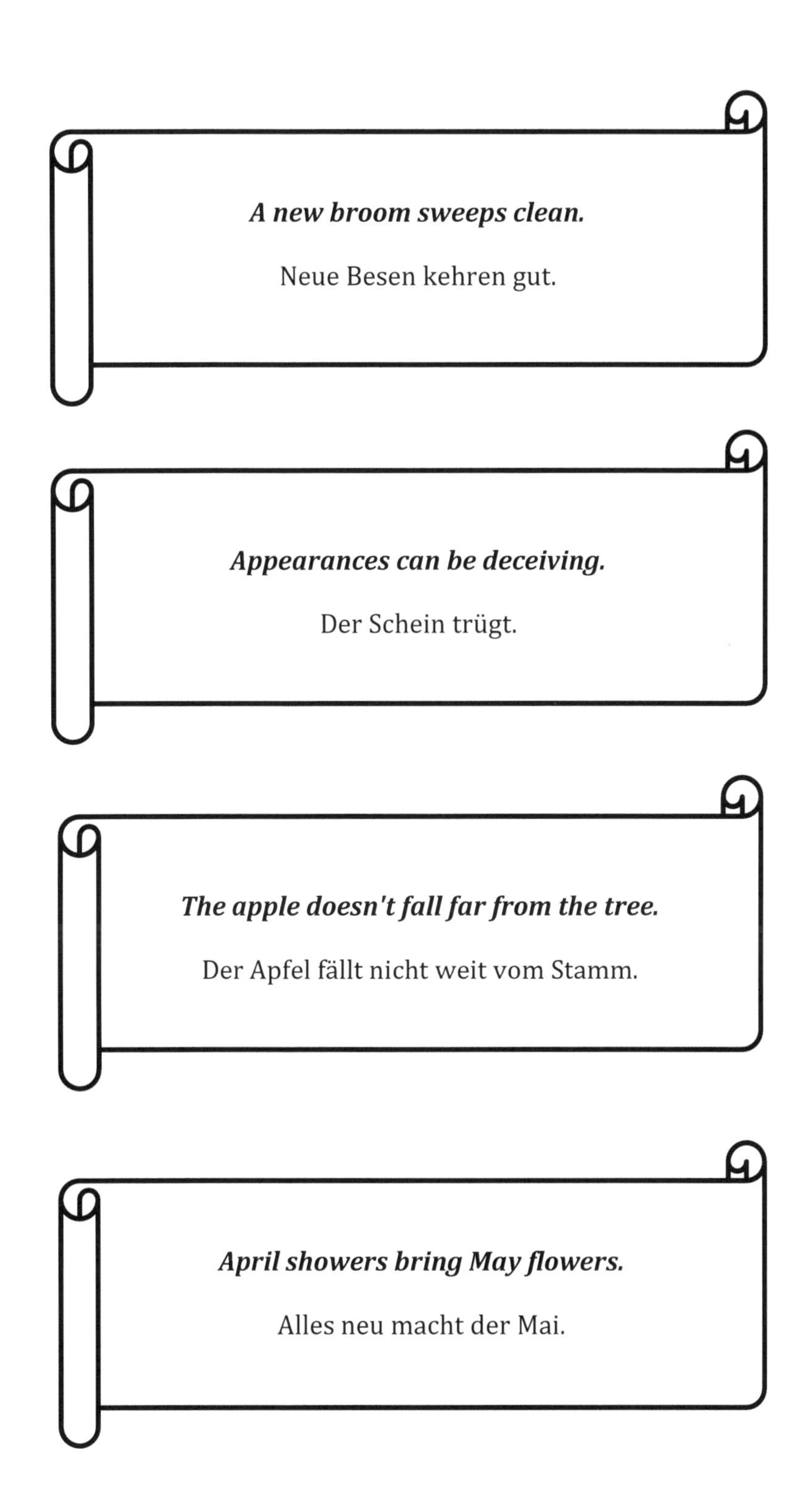
A new broom sweeps clean.
Neue Besen kehren gut.
Appearances can be deceiving.
Der Schein trügt.
The apple doesn't fall far from the tree.
Der Apfel fällt nicht weit vom Stamm.
April showers bring May flowers.
Alles neu macht der Mai.

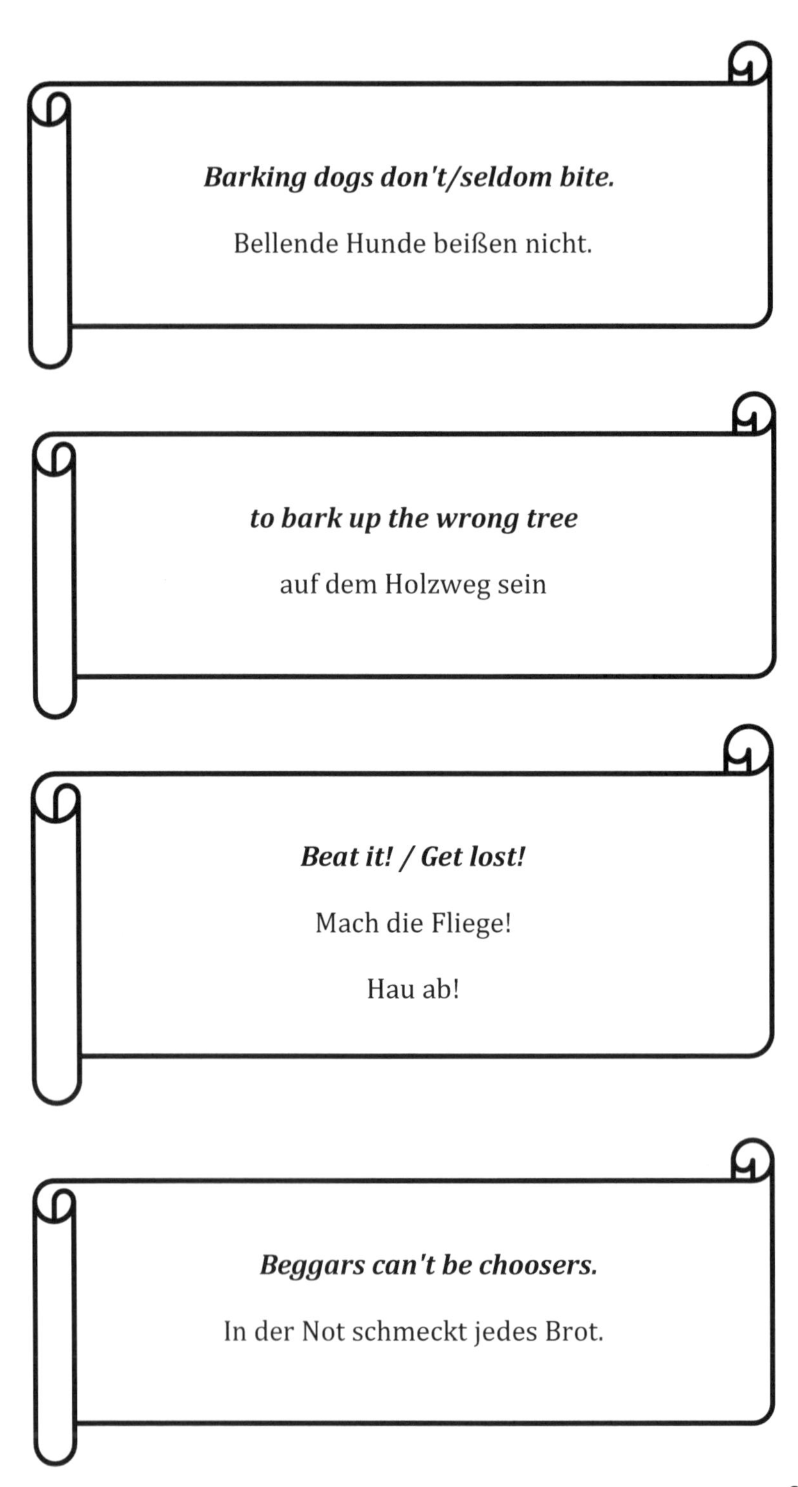
Barking dogs don't/seldom bite.
Bellende Hunde beißen nicht.
to bark up the wrong tree
auf dem Holzweg sein
Beat it! / Get lost!
Mach die Fliege!
Hau ab!
Beggars can't be choosers.
In der Not schmeckt jedes Brot.

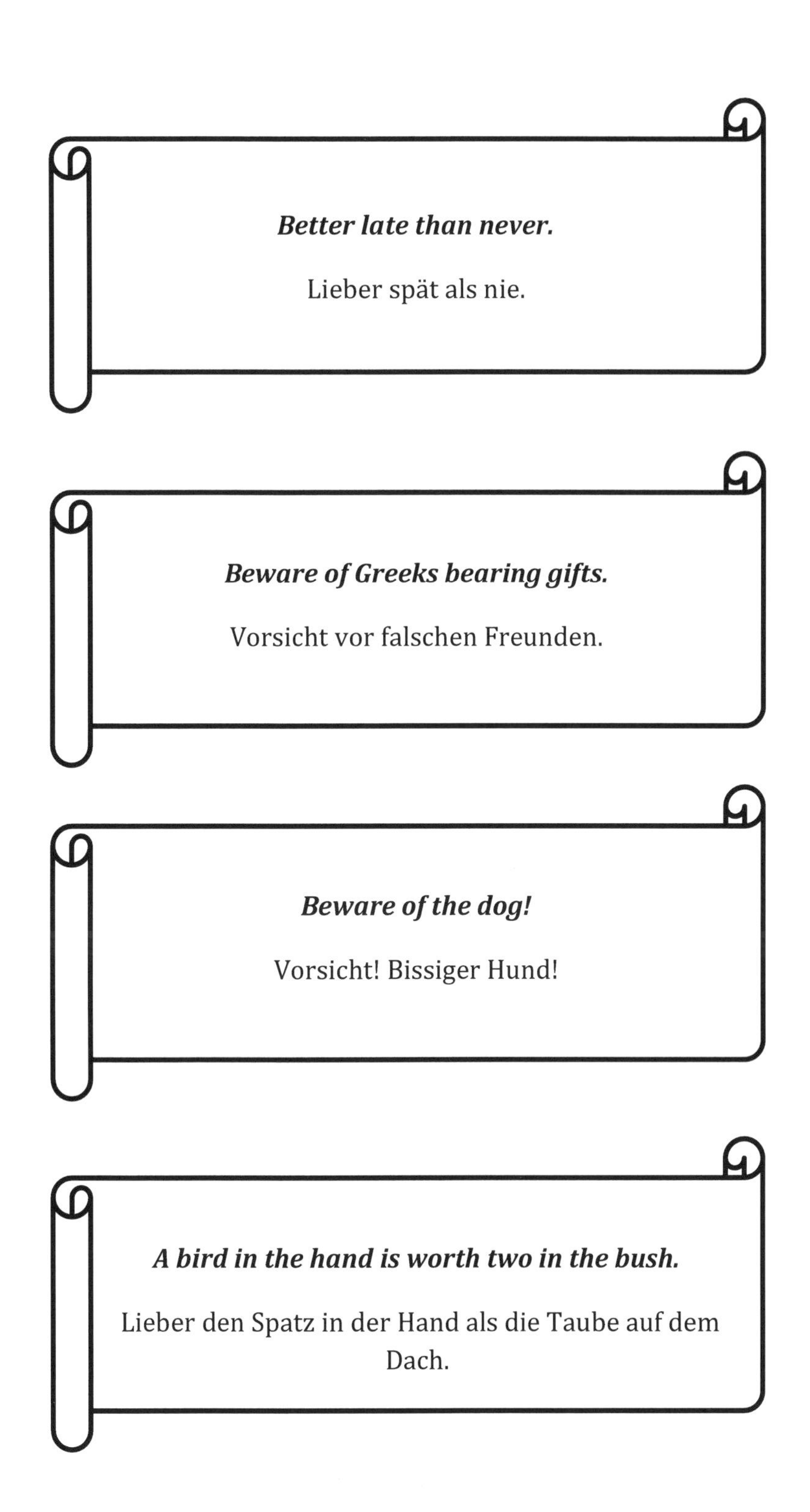
Better late than never.
Lieber spät als nie.
Beware of Greeks bearing gifts.
Vorsicht vor falschen Freunden.
Beware of the dog!
Vorsicht! Bissiger Hund!
A bird in the hand is worth two in the bush.
Lieber den Spatz in der Hand als die Taube auf dem Dach.

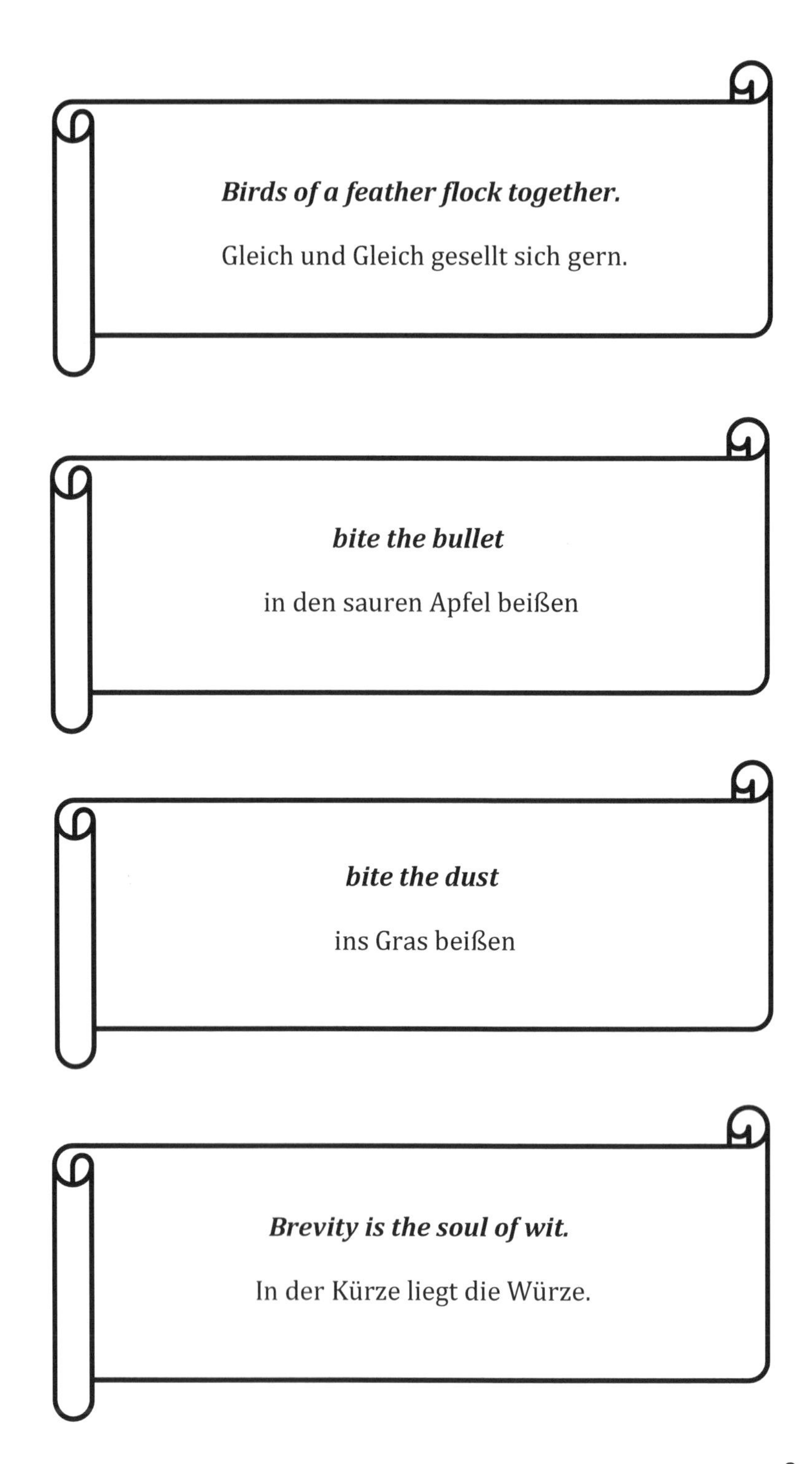
Birds of a feather flock together.
Gleich und Gleich gesellt sich gern.
bite the bullet
in den sauren Apfel beißen
bite the dust
ins Gras beißen
Brevity is the soul of wit.
In der Kürze liegt die Würze.

Business before pleasure.

Erst die Arbeit, dann das Vergnügen.

but there's a catch

Da steckt der Haken.

by the skin of one's teeth

mit Ach und Krach

Christmas comes but once a year.

Man muss die Feste feiern, wie sie fallen.

Charity begins at home.

Nächstenliebe beginnt zu Hause.

Don't cross your bridges until you come to them.

Kümmere dich nicht um ungelegte Eier.

Don't count your chickens before they're hatched.

Man soll das Fell des Bären nicht verteilen, bevor man ihn erlegt hat.

Never look a gift horse in the mouth.

Einem geschenkten Gaul schaut man nicht ins Maul.

Easy come, easy go.

Wie gewonnen, so zerronnen.

Give them an inch and they'll take a mile.

Wenn man dem Teufel den kleinen Finger gibt, so nimmt er die ganze Hand.

to be green with envy

blass vor Neid sein

Haste makes waste.

Eile mit Weile.

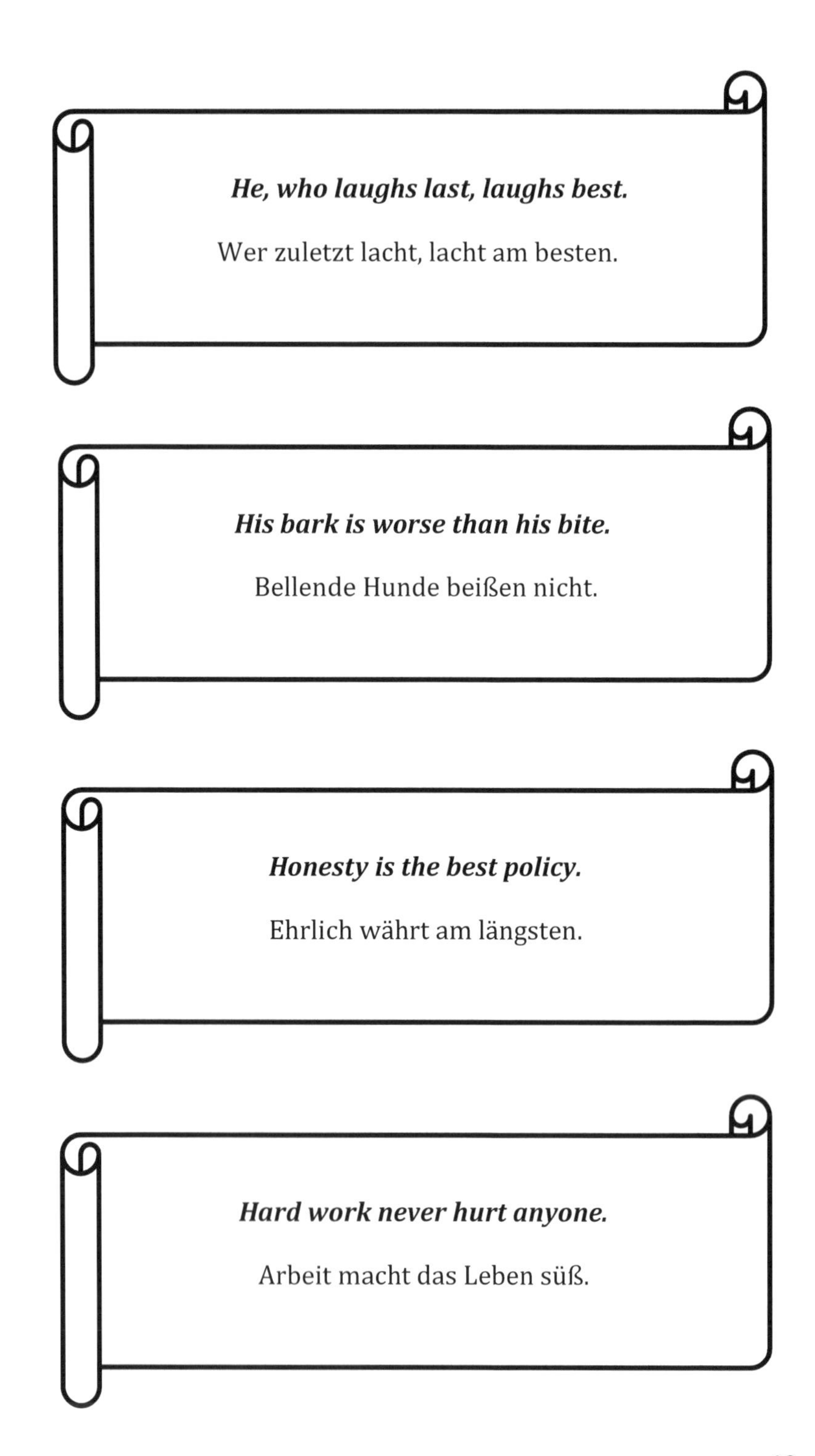
He, who laughs last, laughs best.
Wer zuletzt lacht, lacht am besten.
His bark is worse than his bite.
Bellende Hunde beißen nicht.
Honesty is the best policy.
Ehrlich währt am längsten.
Hard work never hurt anyone.
Arbeit macht das Leben süß.

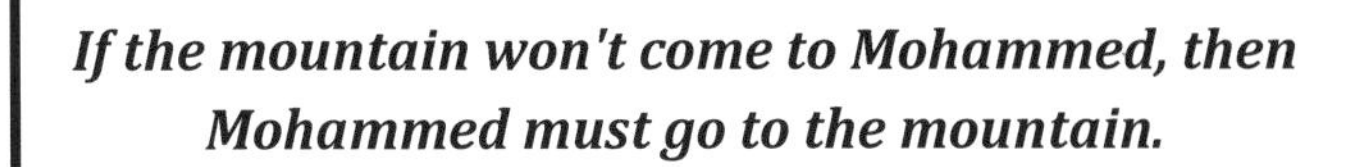

If the mountain won't come to Mohammed, then Mohammed must go to the mountain.

Wenn der Berg nicht zum Propheten kommt, muss der Prophet zum Berg gehen.

If you lie down with dogs, you'll get up with fleas.

Wer mit Hunden zu Bett geht, steht mit Flöhen wieder auf.

I'm not as green as I look.

Ich bin nicht so dumm, wie ich aussehe.

It cost me an arm and a leg.

Es hat mich ein Vermögen gekostet.

It never rains but it pours.

Ein Unglück kommt selten allein.

It's Greek to me.

Ich verstehe nur Bahnhof.

Das kommt mir Spanisch vor.

It's more blessed to give than receive.

Geben ist seliger denn Nehmen.

It's raining cats and dogs.

Es regnet in Strömen.

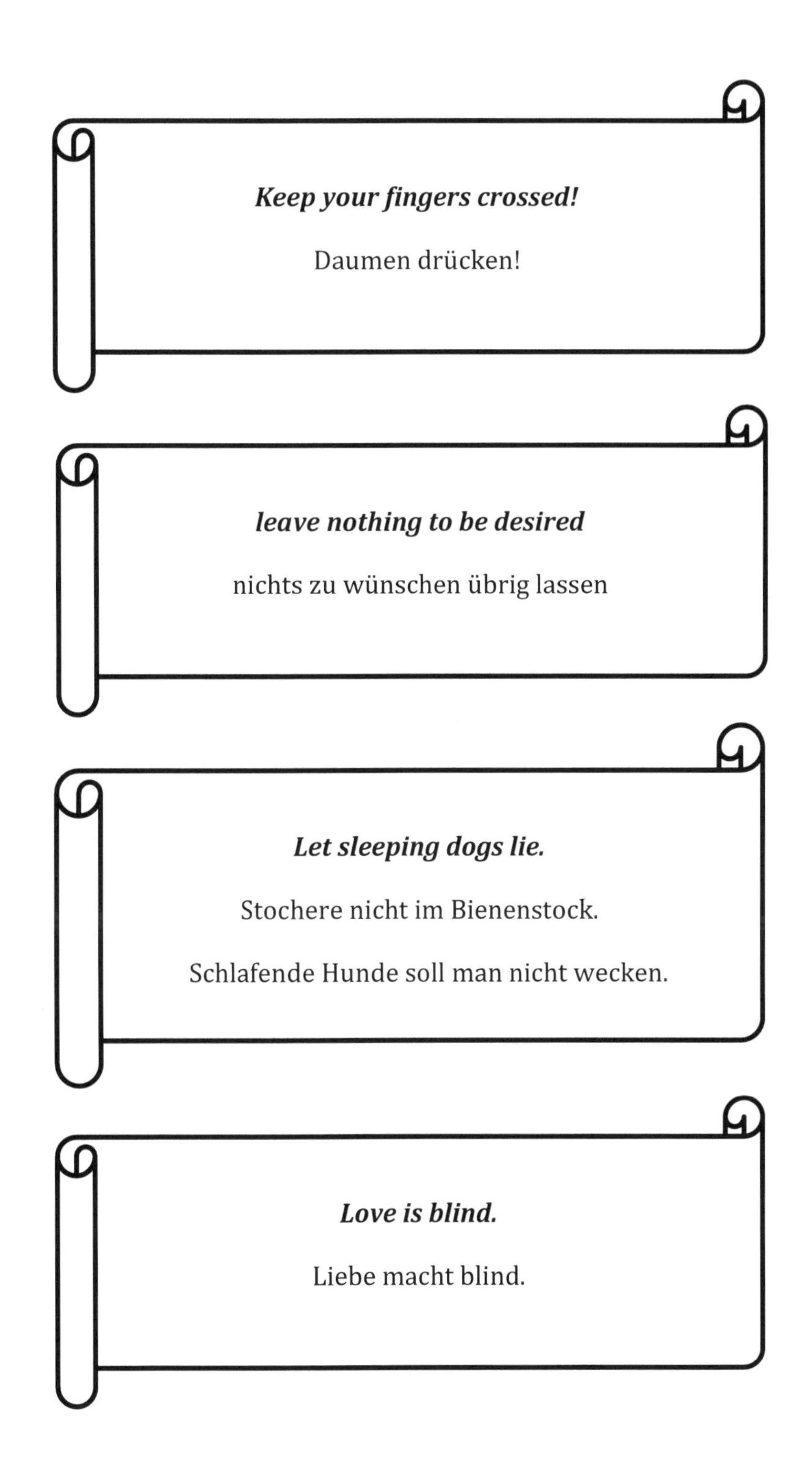
Keep your fingers crossed!
Daumen drücken!
leave nothing to be desired
nichts zu wünschen übrig lassen
Let sleeping dogs lie.
Stochere nicht im Bienenstock.
Schlafende Hunde soll man nicht wecken.
Love is blind.
Liebe macht blind.

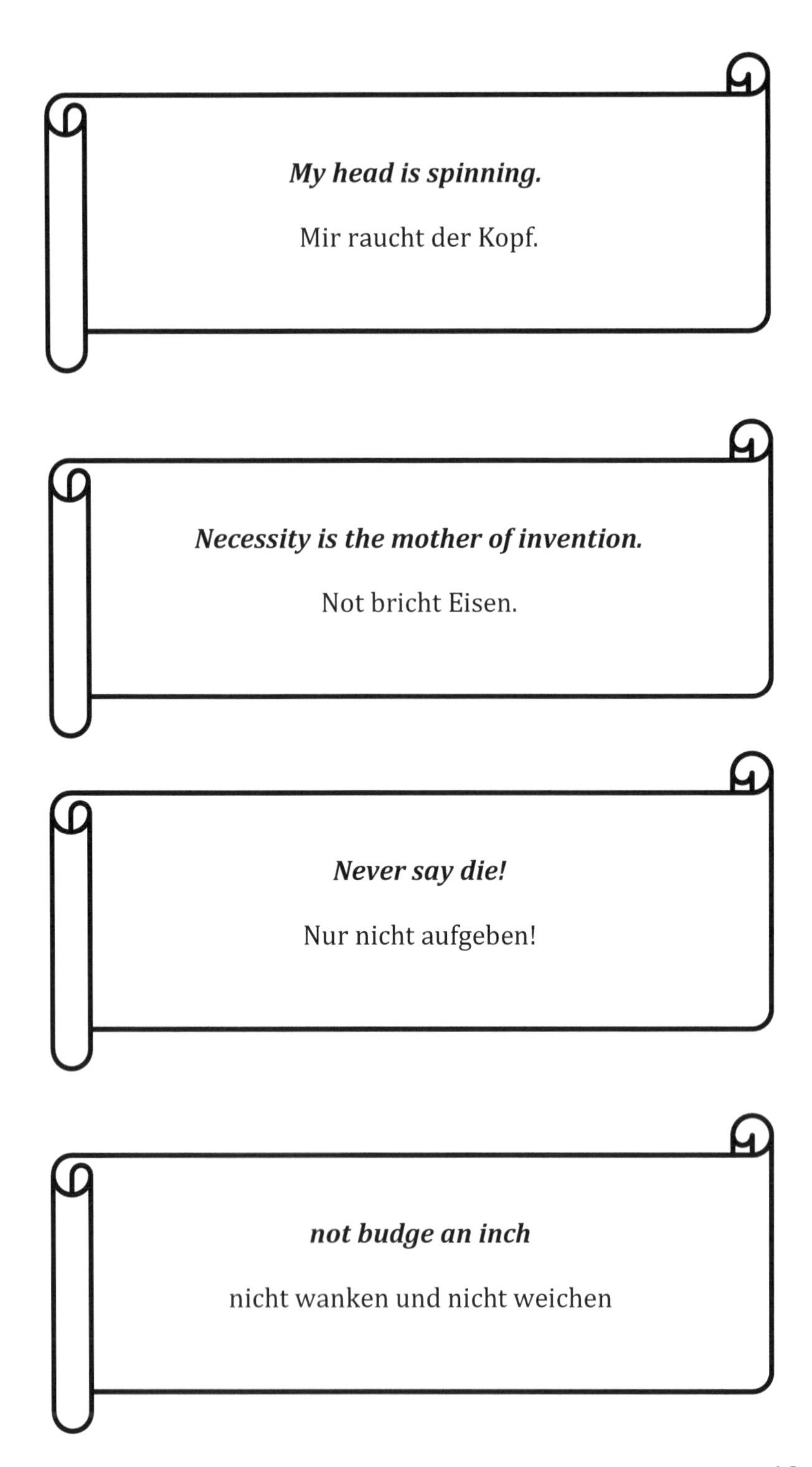
My head is spinning.
Mir raucht der Kopf.
Necessity is the mother of invention.
Not bricht Eisen.
Never say die!
Nur nicht aufgeben!
not budge an inch
nicht wanken und nicht weichen

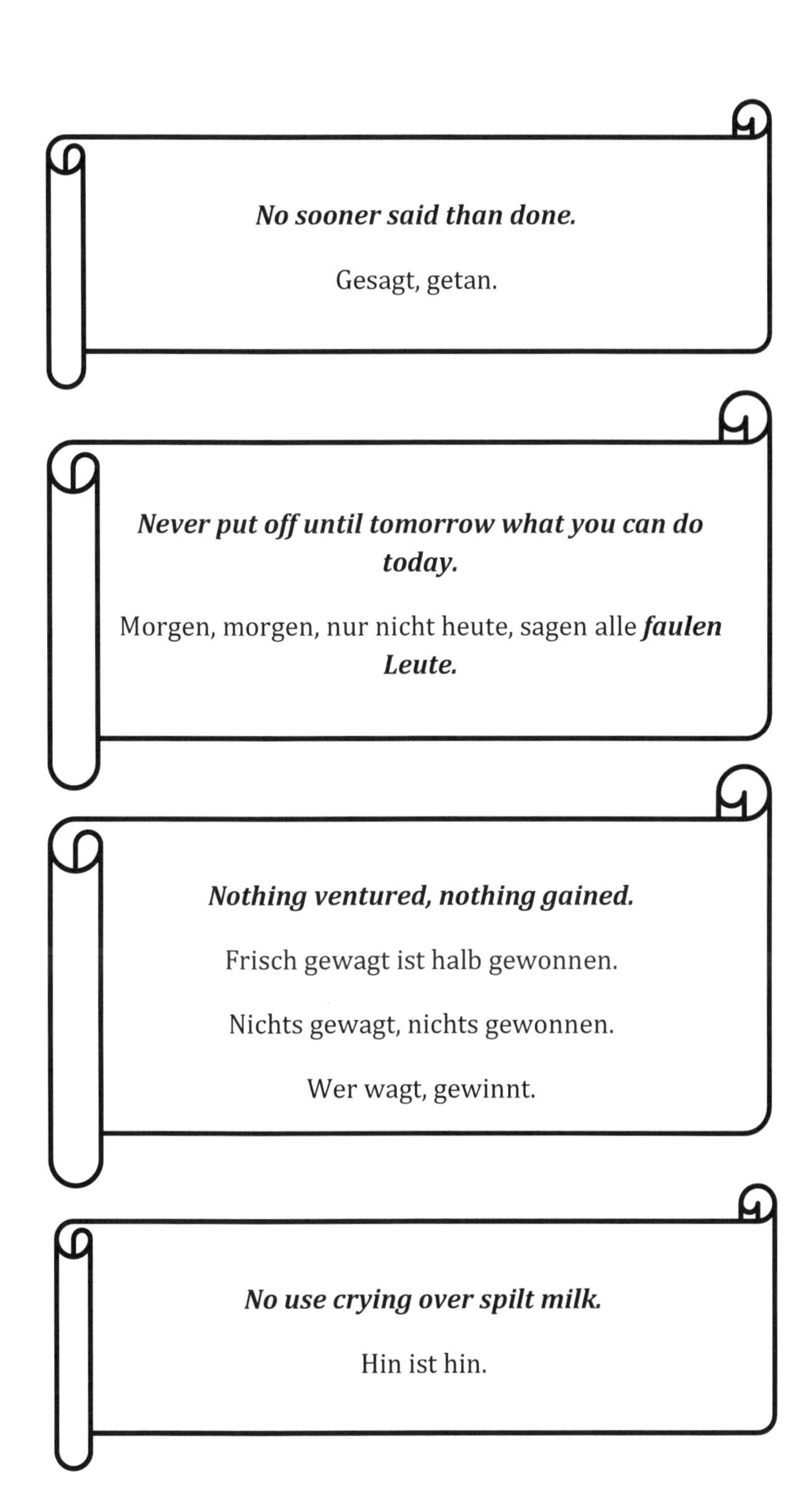

No sooner said than done.
Gesagt, getan.
Never put off until tomorrow what you can do today.
Morgen, morgen, nur nicht heute, sagen alle ***faulen Leute.***
Nothing ventured, nothing gained.
Frisch gewagt ist halb gewonnen.
Nichts gewagt, nichts gewonnen.
Wer wagt, gewinnt.
No use crying over spilt milk.
Hin ist hin.

Once bitten, twice shy.
Gebranntes Kind scheut das Feuer.
once in a blue moon
nur alle Jubeljahre
Out of sight, out of mind.
Aus den Augen, aus dem Sinn.
pull something out of a hat
etwas aus dem Ärmel schütteln

Rome wasn't built in a day.

Rom ist auch nicht an einem Tag erbaut worden.

That's not my cup of tea.

Das ist nicht mein Fall.

The early bird catches the worm.

Morgenstund' hat Gold im Mund.

The end justifies the means.

Der Zweck heiligt die Mittel.

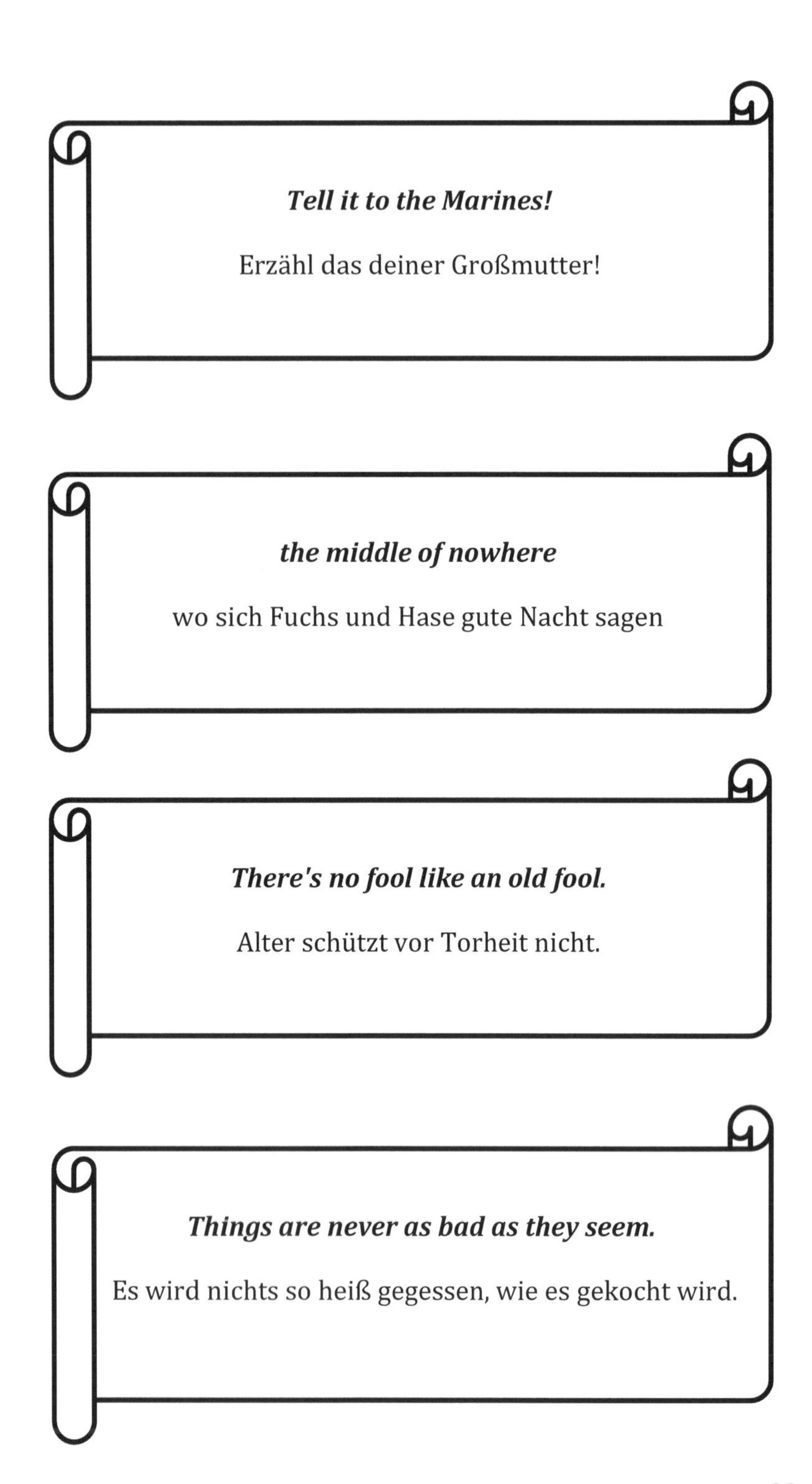
Tell it to the Marines!
Erzähl das deiner Großmutter!
the middle of nowhere
wo sich Fuchs und Hase gute Nacht sagen
There's no fool like an old fool.
Alter schützt vor Torheit nicht.
Things are never as bad as they seem.
Es wird nichts so heiß gegessen, wie es gekocht wird.

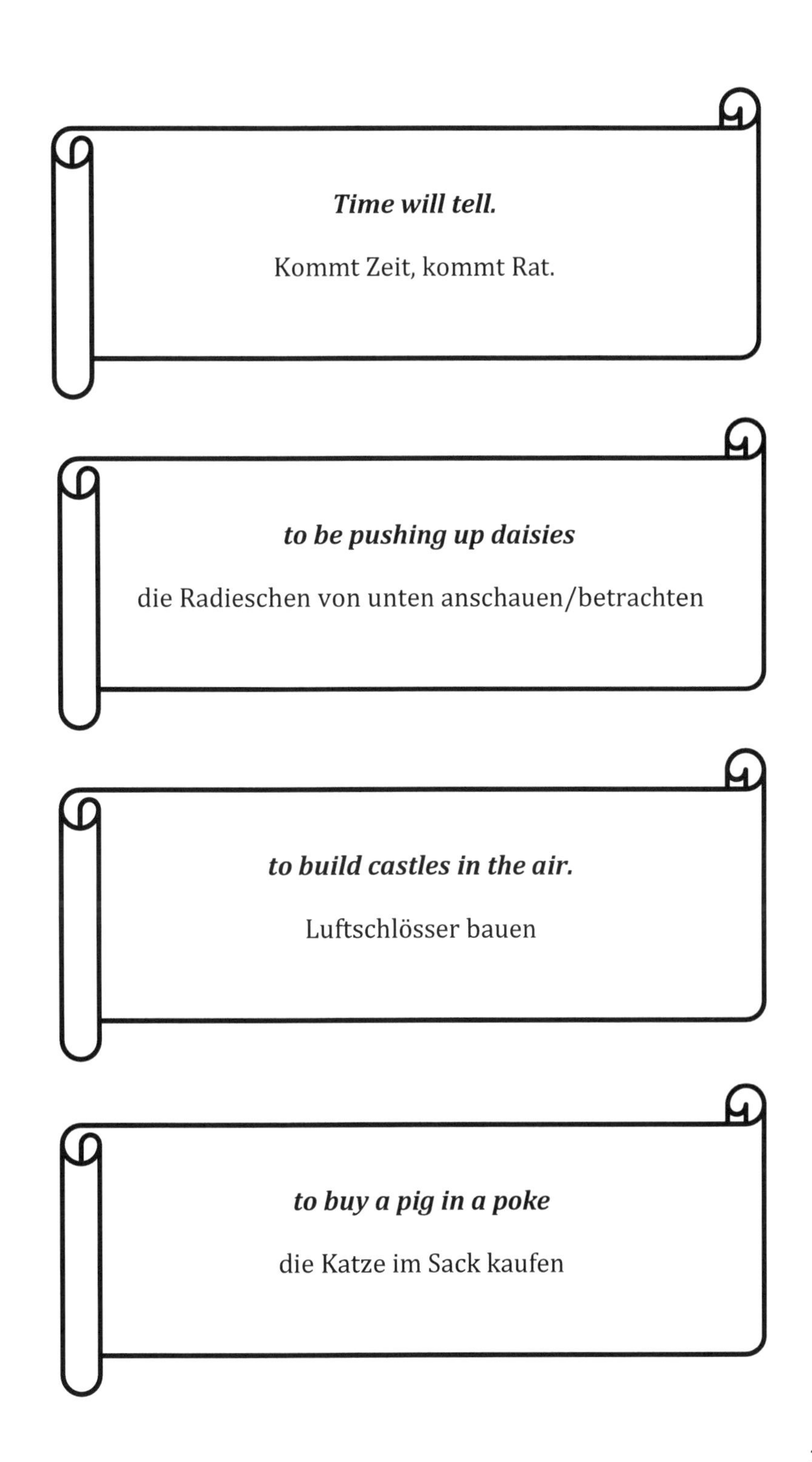
Time will tell.
Kommt Zeit, kommt Rat.
to be pushing up daisies
die Radieschen von unten anschauen/betrachten
to build castles in the air.
Luftschlösser bauen
to buy a pig in a poke
die Katze im Sack kaufen

to carry coals to Newcastle
Eulen nach Athen tragen
to get into hot water
in des Teufels Küche sein
to kill two birds with one stone
zwei Fliegen mit einem Schlag treffen
zwei Fliegen mit einer Klappe schlagen
to leave a lot to be desired
viel zu wünschen übriglassen

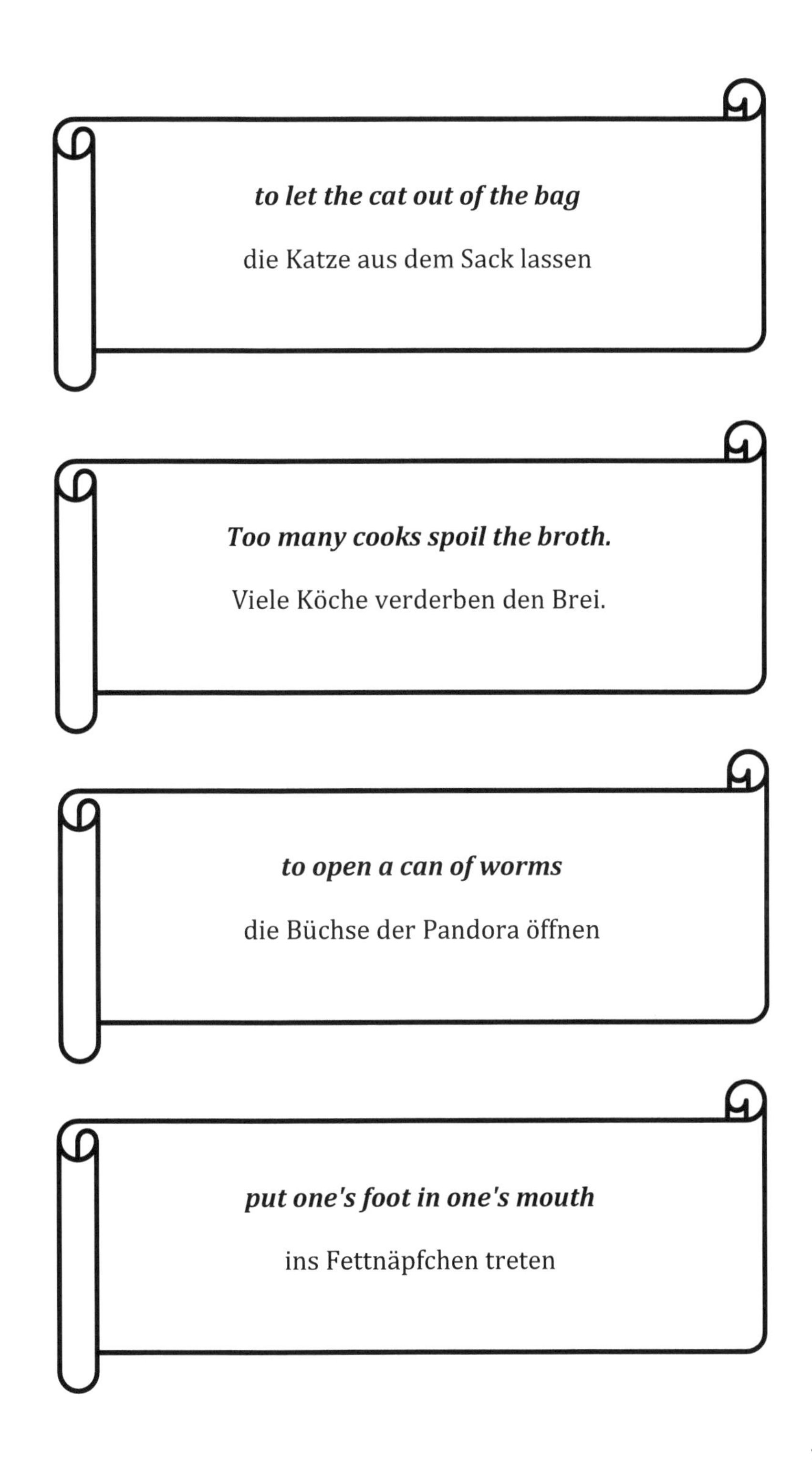
to let the cat out of the bag
die Katze aus dem Sack lassen
Too many cooks spoil the broth.
Viele Köche verderben den Brei.
to open a can of worms
die Büchse der Pandora öffnen
put one's foot in one's mouth
ins Fettnäpfchen treten

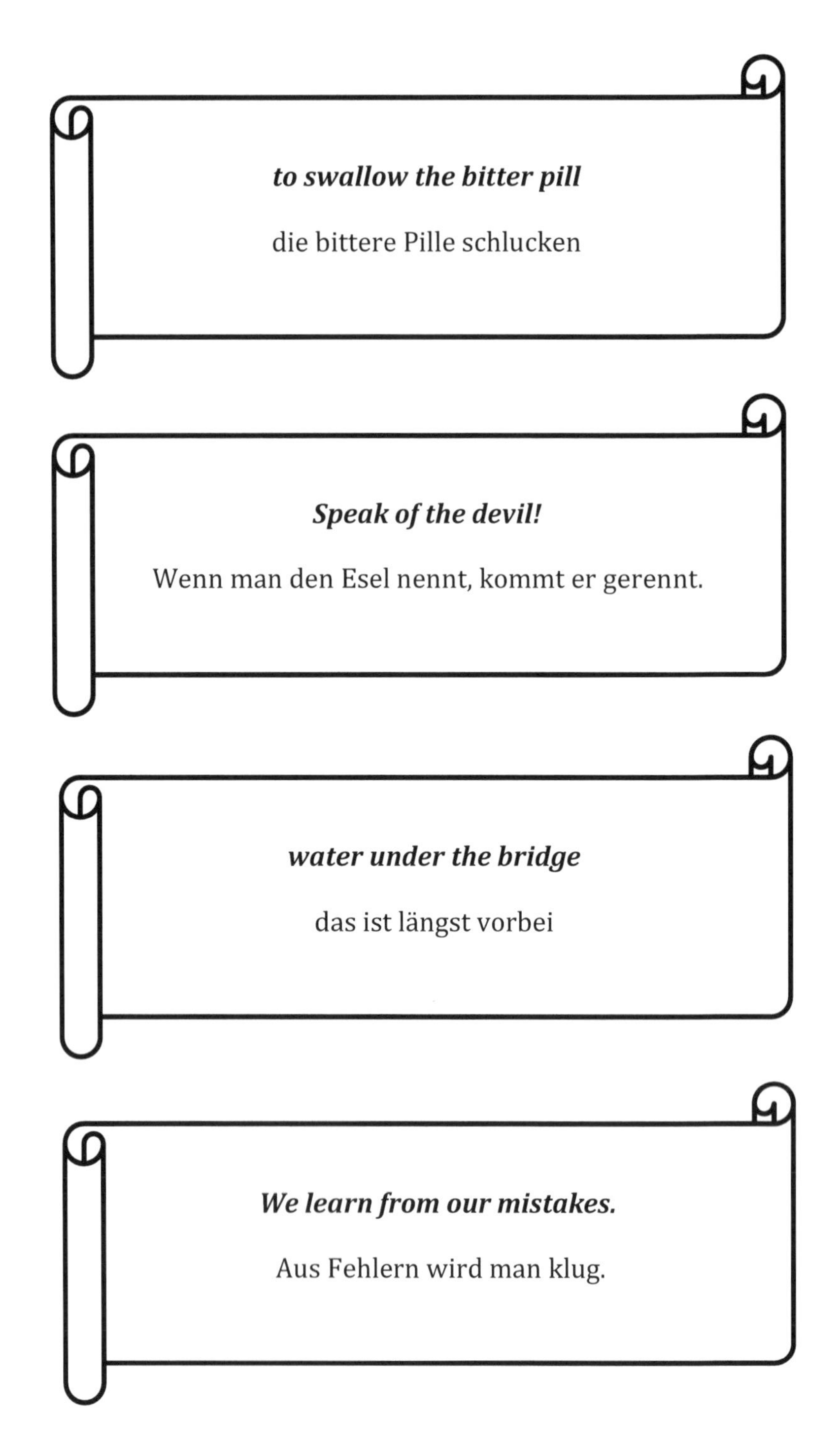
to swallow the bitter pill
die bittere Pille schlucken
Speak of the devil!
Wenn man den Esel nennt, kommt er gerennt.
water under the bridge
das ist längst vorbei
We learn from our mistakes.
Aus Fehlern wird man klug.

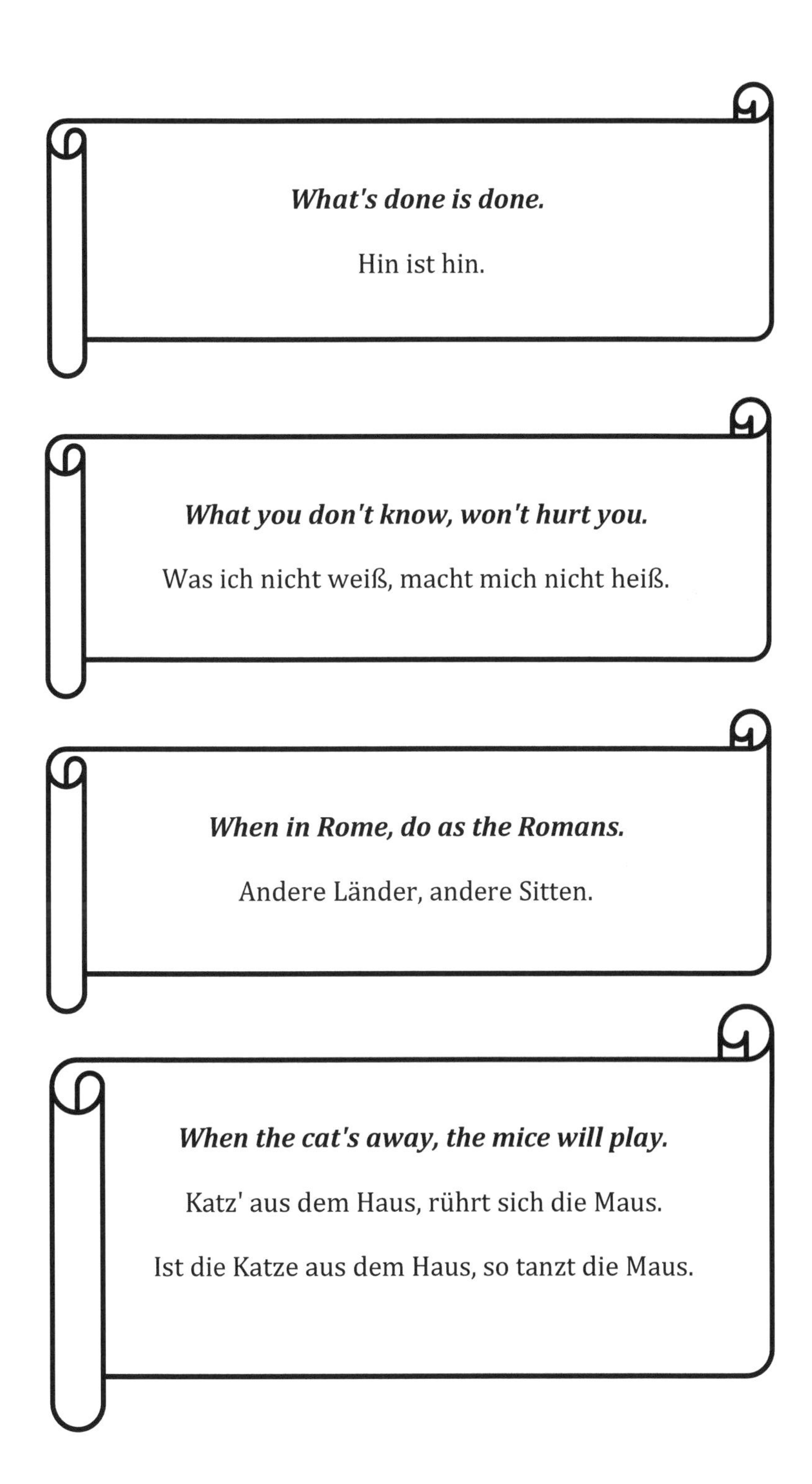
What's done is done.
Hin ist hin.
What you don't know, won't hurt you.
Was ich nicht weiß, macht mich nicht heiß.
When in Rome, do as the Romans.
Andere Länder, andere Sitten.
When the cat's away, the mice will play.
Katz' aus dem Haus, rührt sich die Maus.
Ist die Katze aus dem Haus, so tanzt die Maus.

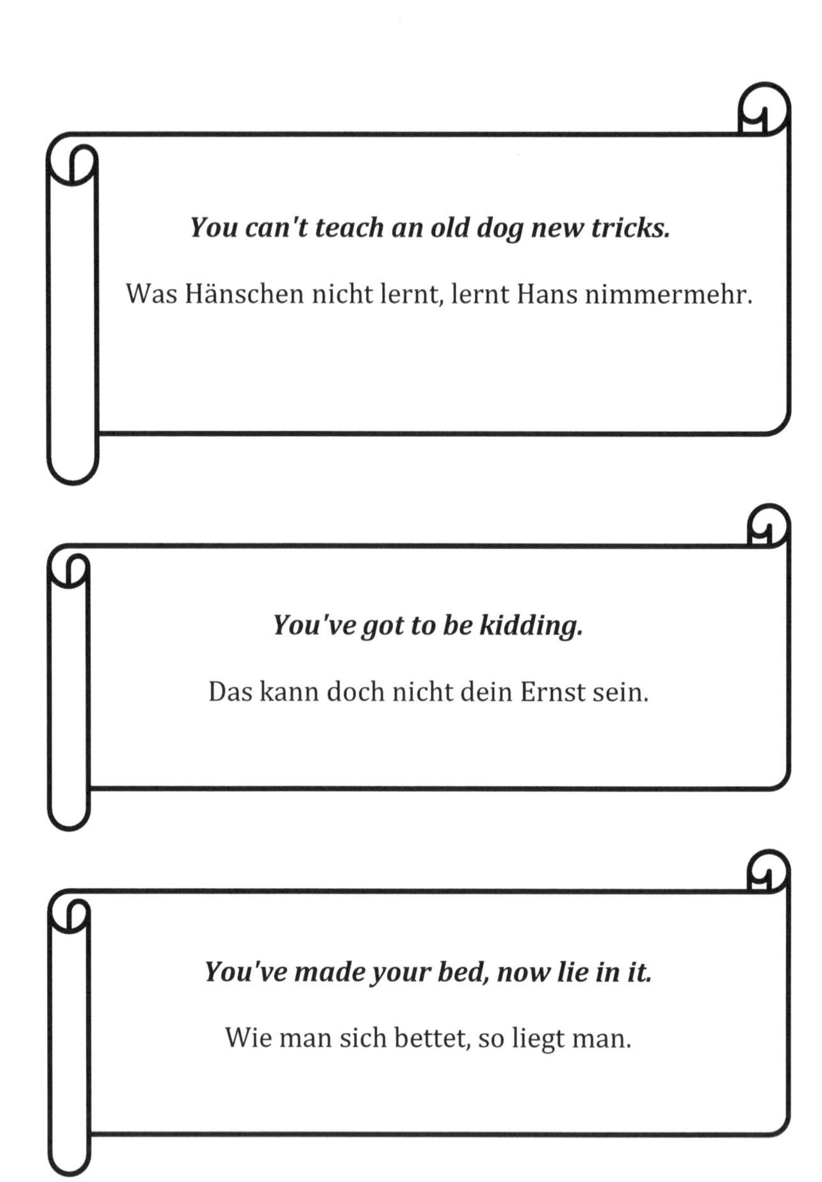
You can't teach an old dog new tricks.
Was Hänschen nicht lernt, lernt Hans nimmermehr.
You've got to be kidding.
Das kann doch nicht dein Ernst sein.
You've made your bed, now lie in it.
Wie man sich bettet, so liegt man.

Made in the USA
Monee, IL
02 November 2020